Biografías de triunfadores

Henry Cisneros

Alcalde trabajador

Rita Petrucelli

ilustraciones de Luciano Lazzarino

Versión en español de Argentina Palacios

THE ROURKE CORPORATION, INC.
VERO BEACH, FL 32964

Library of Congress Cataloging-in-Publication Data

Petrucelli, Rita, 1942-
    [Henry Cisneros. Spanish]
    Henry Cisneros: alcalde trabajador / Rita Petrucelli;
versión en español de Argentina Palacios.
        p. cm. — (Biografías de triunfadores)
    Traducción de Henry Cisneros.
    Resumen: Biografía del primer alcade méxico-americano
de San Antonio, Texas.
    ISBN 0-86593-191-7
        1. Cisneros, Henry — Literatura juvenil. 2. Alcaldes —
Texas — San Antonio — Biografía — Literatura juvenil.
3. San Antonio (Tex.) — Política y gobierno — Literatura
juvenil. [1. Cisneros, Henry. 2. Alcaldes. 3. México-
americanos — Biografía. 4. Materiales en español.]
I. Título. II. Serie.
F394.S2C56618 1992
976.4'351063'092—dc20
[B]   92-10863
                                                                  CIP
                                                                   AC

Un día caluroso en San Antonio, Texas, una muchedumbre esperaba a pleno sol. Del auto que llegó se bajó un hombre alto. Los espectadores aplaudieron y vitorearon. Unos cuantos ondearon banderas de los Estados Unidos. —¿Quién es ese hombre?— preguntó un niño. —Es Henry Cisneros, alcalde de la ciudad,— le contestó su mamá.

Henry Cisneros nació en San Antonio el 11 de junio de 1947. Vivía en una casa pequeña con sus padres, dos hermanos y dos hermanas, todos menores que él.

La familia se había mudado de México a San Antonio. Los padres hablaban tanto inglés como español, pero pronto el inglés se hizo el idioma dominante de esta familia hispana.

En los Estados Unidos hay muchos hispanos, es decir, gente cuyo origen es un país donde se habla español.

La señora Cisneros quería que sus hijos fueran alguien cuando crecieran. Por eso los instaba a estudiar mucho y era muy estricta con ellos. Todos tenían que ayudar con los quehaceres domésticos. Lo único que podían ver en la TV eran las noticias y los programas de ciencias.

Después de las clases, era hora de practicar música o de leer. Durante la cena, la familia platicaba de lo que cada uno había aprendido ese día.

El señor Cisneros siempre había tenido deseos de estudiar y se matriculó en una escuela nocturna. Aprendió a hacer reparaciones en las casas. Su propia casa la dejó como nueva.

A Henry también le gustaba aprender y fue un alumno distinguido: lo pasaron al cuarto grado sin estar en el tercero. Esto fue en la escuela católica conocida como "Church of the Little Flower School".

De niño, quería ser piloto de la Fuerza Aérea. Le encantaban los aviones y tenía modelos de toda clase en su cuarto. Soñaba con la Academia de la Fuerza Aérea, pero ese sueño no lo logró.

A los 16 años se graduó de secundaria, de la Central Catholic High School. Durante su último año hizo solicitud a la Academia de la Fuerza Aérea. Como era tan joven y bajo de peso, no lo aceptaron.

Pero Henry aún quería ser piloto. Se matriculó en la Texas A & M University y, una vez terminados sus estudios, se afilió a las fuerzas armadas y aprendió a pilotear aviones.

En la universidad, fue líder de la banda y cadete militar. Los cadetes militares tenían planes de afiliarse al ejército, la fuerza aérea o la armada después de la graduación.

Durante su segundo año, sacó una F en matemáticas. Los pilotos necesitan saber matemáticas. Pero Henry no abandonó la universidad sino que cambió de objetivo. Estudió administración municipal y decidió ser alcalde de San Antonio.

Terminada la universidad, Cisneros trabajó en el Programa de Ciudades Modelo, donde aprendió más sobre cómo administrar una ciudad. Muy pronto quedó de director asistente del programa.

Siguiendo su meta de ser alcalde, volvió a la escuela, esta vez a la George Washington University en Washington, D. C. para doctorarse en planificación urbana.

Cuando estudiaba en Washington tuvo la suerte de que lo eligieron para trabajar con el personal del Presidente Nixon. En ese tiempo aprendió mucho sobre el trabajo gubernamental.

Henry sabía que para ser buen alcalde tenía que aprender mucho y, una vez más, volvió a la escuela, esta vez a la Harvard University, para sacar un grado de maestría en administración pública.

En 1969, Henry contrajo matrimonio con Mary Alice Pérez, a quien conocía desde la niñez. Los Cisneros tuvieron dos hijas y un hijo: Mercedes, Theresa y John Paul. La familia vive en el mismo vecindario donde crecieron los padres.

En 1974, trabajó de profesor universitario en San Antonio. Aún quería ser alcalde pero creía que no iba a ser enseguida.

Pero en 1975, el pueblo lo eligió como concejal. El concejo es una organización municipal que ayuda al alcalde con la administración de la ciudad. A los 27 años, Henry Cisneros fue el concejal más joven en la historia de San Antonio.

El trabajo de concejal era difícil. Los concejales
de habla inglesa, los blancos "anglo", casi siempre
estaban en desacuerdo con los concejales
hispanos. A Henry le parecía que los desacuerdos
se debían a diferencias étnicas y raciales.

A él personalmente no le importaba en absoluto
que una persona fuera anglo o hispana. Lo que le
importaba era un San Antonio mejor.

Muchos hispanos querían que Henry hiciera más por la raza, pero los concejales anglos no querían gastar el dinero oficial en los vecindarios hispanos.

Henry habló con los anglos y éstos lo escucharon, porque les caía bien y le tenían confianza. Así, los vecindarios hispanos obtuvieron nuevos caminos y otras mejoras necesarias.

Henry Cisneros siempre hizo oír su voz a favor de lo que consideraba justo. A cierta gente en San Antonio no le gustaba lo que decía, pero la mayor parte estaba de acuerdo con él. Salió electo concejal dos períodos más.

Le gustaba ser concejal, pero quería hacer aún más. Sabía que como alcalde trabajaría para que San Antonio fuera una ciudad mejor. Pero no estaba seguro de que todos los votantes de San Antonio fueran a elegir a un hispano como alcalde.

En 1981 se dijo que había llegado la hora de ser candidato a alcalde. "San Antonio es una ciudad soñolienta", solía decir a los votantes. "Quiero que sea un mejor lugar para los anglos y los hispanos. Si salgo elegido, ésa es mi meta".

El pueblo aceptó y lo eligió alcalde. Henry Cisneros se convirtió en el primer alcalde de ascendencia hispana en San Antonio, Texas. Había logrado otra meta en su vida.

¿Qué hizo el alcalde Henry Cisneros? Lo que había prometido. Logró que varias empresas grandes se mudaran a San Antonio. Así se crearon muchos empleos y muchos de los desempleados obtuvieron trabajo. Había más dinero en la ciudad. Dos años más tarde, Henry Cisneros fue reelegido.

Por todo el país se supo lo que estaba haciendo el alcalde de San Antonio. Por ese entonces, Walter Mondale, candidato a la presidencia de los Estados Unidos, pensó que Henry Cisneros podría ser buen candidato para la vicepresidencia.

El Sr. Mondale estuvo a punto de proponerle a Cisneros que fuera su compañero de nómina. Pero éste dijo que se sentía honrado porque el Sr. Mondale pensara tan bien de él. "Le hubiera dicho que no al ofrecimiento. Todavía tengo muchas metas por lograr como alcalde de San Antonio".

Henry Cisneros ganó la alcaldía por votación popular una vez tras otra. Pero al fin de su cuarto período, en 1989, abandonó la política por problemas personales y familiares.

Entonces, con otros dos socios, estableció Cisneros Group, una de las primeras compañías hispanas para la administración de fondo de pensiones.

Henry Cisneros ha trabajado mucho para alcanzar sus metas. Y ha demostrado lo insignificante que es el color de la piel o el lugar de origen de una persona.

Sugerencias para triunfar

¿Cuáles son tus metas? Estas sugerencias te pueden ayudar a alcanzarlas.

1. **Decide cuál es tu meta.**

   Puede ser una meta a corto plazo, como una de éstas:

   aprender a montar en bicicleta
   obtener una buena nota en una prueba
   mantener limpio tu cuarto

   Puede ser una meta a largo plazo, como una de éstas:

   aprender a leer
   aprender a tocar el piano
   hacerte abogado o abogada

2. **Determina si tu meta es algo que realmente puedes alcanzar.**

   ¿Tienes el talento necesario?
   ¿Cómo lo puedes averiguar? ¡Haciendo la prueba!

   ¿Necesitas equipo especial?
   Tal vez necesitas un piano o patines de hielo.

   ¿Cómo puedes obtener lo que necesitas?
   Pregúntaselo a tu maestra o a tus padres.

3. Determina lo primero que debes hacer.
Podría ser tomar clases.

4. Determina lo segundo que debes hacer.
Podría ser practicar todos los días.

5. Empieza enseguida.
Sigue fielmente el plan hasta que alcances la meta.

6. Dite siempre a ti mismo o a ti misma: —¡Puedo lograrlo!

¡Buena suerte! ¡Tal vez algún día puedas llegar a ser un alcalde famoso como Henry Cisneros!

Serie Biografías de triunfadores